AF189322

Impressum
Verlag: BABADADA GmbH, Nedderfeld 112 , 22529 Hamburg
Geschäftsführer / Verlagsleitung: Harald Hof
Druck: Books on Demand GmbH, In de Tarpen 42, 22848 Norderstedt

Imprint
Publisher: BABADADA GmbH, Nedderfeld 112 , 22529 Hamburg, Germany
Managing Director / Publishing direction: Harald Hof
Print: Books on Demand GmbH, In de Tarpen 42, 22848 Norderstedt, Germany

школа

مکتب

классная комната
صنف درسی
делить
تقسیم کردن
186/2
доска
تخته
школьный двор
учитель
معلم
бумага
کاغذ
писать
نوشتن
ручка
خودکار
письменный стол
میز کار
линейка
خط کش
книга
کتاب
ученик
شاگرد

ранец

بیگ مکتب

пенал

قلم دانی

карандаш

پنسل

точилка

پنسل تراش

ластик

پنسل پاک

альбом для рисования

کتابچه رسم

рисунок

نقاشی

кисточка

برس رنگ زنی

коробка красок

بکسک رنگه

ножницы

قیچی

клей

سریش

тетрадь

کتاب تمرین

домашняя работа

کار خانگی

цифра

عدد

прибавлять

جمع کردن

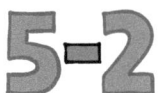

вычитать

تفریق کردن

умножать

ضرب کردن

считать

حساب کردن

буква

حرف

алфавит

الفبا

слово

کلمه

текст

متن

читать

خواندن

мел

تباشیر

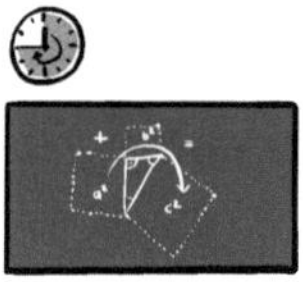

урок

درس

классный журнал

ثبت نام

экзамен

امتحان

диплом

تصدیقنامه

школьная форма

یونیفورم مکتب

образование

تحصیل

энциклопедия

دانشنامه

университет

پوهنتون

микроскоп

مایکروسکوپ

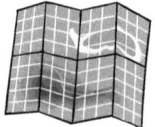

карта

نقشه

корзина для бумаг

سبد کاغذ باطله

гостиница
هوتل
Grand
турбаза
لیلیه
пункт обмена валюты
دفتر صرافی
чемодан
بیگ سفری
автомобиль
موتر

язык

زبان

да / нет

بلی / نخیر

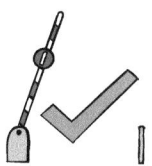

хорошо

بسیار خوب

Привет

سلام

переводчик

مترجم

Спасибо

تشکر از شما

Сколько стоит...?

قیمتش چقدر است؟

Я не понимаю

نمی فهمم

проблема

مشکل

Добрый вечер!

عصر بخیر! / شب بخیر!

Доброе утро!

صبح بخیر!

Доброй ночи!

شب بخیر!

До свидания

خداحافظ

направление

مسیر

багаж

بار مسافر

сумка

بیگ

рюкзак

بیگ پشتکی

гость

مهمان

комната

اطاق

спальный мешок

بستره خواب سیار

палатка

خیمه

туристическая
информация
معلومات توریستی

пляж
ساحل

кредитная карточка
کریدیت کارت

завтрак
صبحانه

обед
طعام چاشت

ужин
غذای شام

билет
تکت

лифт
لفت

почтовая марка
مهر

граница
مرز

таможня
گمرک

посольство
سفارتخانه

виза
ویزه

паспорт
پاسپورت

транспорт

حمل و نقل

самолёт
طیاره
корабль
کشتی
пожарный автомобиль
موتر اطفاییه
автобус
بس
грузовик
لاری
моторная лодка
قایق موتوری
велосипед
بایسکل
автомобиль
موتر

паром

کشتی

лодка

قایق

мотоцикл

موترسایکل

полицейский автомобиль

موتر پولیس

гоночный автомобиль

موتر مسابقه

арендованный автомобиль

موتر کرایی

совместное пользование
автомобилями
اشتراک وسایط

буксировочный
автомобиль
جرثقیل

мусоровоз
موتر حمل زباله

двигатель
موتور

топливо
تیل

заправка
تانک تیل

дорожный знак
علامت ترافیکی

движение
عبور و مرور

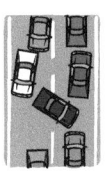

пробка
راهبندان

автостоянка
پارک وسایط

вокзал
ایستگاه ریل

рельсы
خط ریل

поезд
ریل

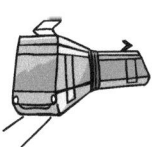

трамвай
ریل برقی

вагон
واگن

вертолёт

هلیکوپتر

аэропорт

میدان هوایی

вышка

برج

пассажир

مسافر

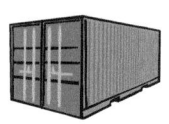

контейнер

کانتینر

коробка

کارتن

тележка

گادی

корзина

سبد

взлетать / приземляться

پرواز کردن / فرود آمدن

город

شهر

деревня

قریه

центр города

تیاتر شهر

дом

خانه

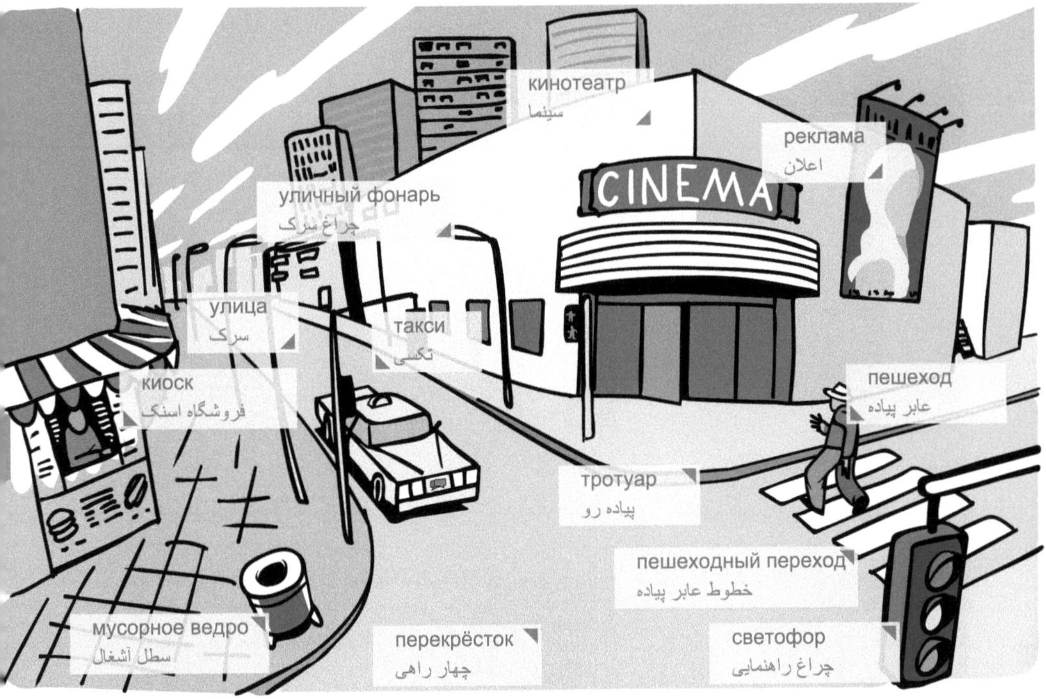

кинотеатр
سینما
реклама
اعلان
CINEMA
уличный фонарь
چراغ سرک
улица
سرک
такси
تکسی
киоск
فروشگاه اسنک
пешеход
عابر پیاده
тротуар
پیاده رو
пешеходный переход
خطوط عابر پیاده
мусорное ведро
سطل آشغال
перекрёсток
چهار راهی
светофор
چراغ راهنمایی

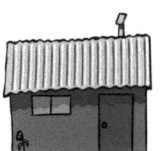

хижина

کلبه

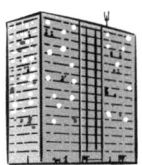

квартира

آپارتمان

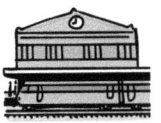

вокзал

ایستگاه ریل

ратуша

تالار شهر

MUSEUM

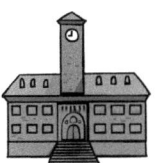

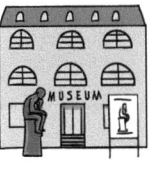

музей

موزیم

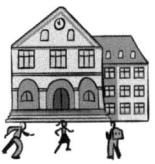

школа

مکتب

университет

پوهنتون

банк

بانک

больница

شفاخانه

гостиница

هوتل

аптека

دواخانه

офис

دفتر

книжный магазин

کتابفروشی

магазин

مغازه

цветочный магазин

گل فروشی

супермаркет

سوپر مارکیت

рынок

فروشگاه

универмаг

فروشگاه

торговец рыбой

ماهی فروشی

торговый центр

مرکز خرید

порт

بندر

парк

....

پارک

скамейка

....

دراز چوکی

мост

....

پل

лестница

....

زینه ها

метро

....

مترو

тоннель

....

تونل

автобусная остановка

....

ایستگاه بس

бар

....

میخانه

ресторан

....

رستورانت

почтовый ящик

....

صندوق پست

табличка с названием улицы

....

علامت سرک

паркометр

....

ماشین پارکو متر

зоопарк

....

باغ وحش

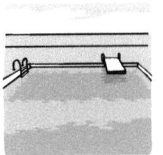

бассейн

....

حوض آببازی

мечеть

....

مسجد

ферма

مزرعه

загрязнение окружающей среды

آلوده گی

кладбище

قبرستان

церковь

کلیسا

детская площадка

میدان بازی

храм

معبد

ландшафт

چشم انداز

лист
برگ

дорожный указатель
لوحه

дорога
راه

луг
علفزار

путешественник
کوهنورد

камень
سنگ

дерево
درخت

река
دریا

трава
علف

цветок
گل

долина

دره

гора

تپه

озеро

دریاچه

лес

جنگل

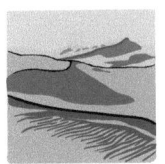

пустыня

صحرا

вулкан

آتشفشان

замок

قلعه

радуга

رنگین کمان

гриб

سمارق

пальма

درخت آلو

комар

پشه

муха

مگس

муравей

مورچه

пчела

زنبور

паук

عنکبوت

жук

قانغوزک

лягушка

بقه

белка

موش خرما

еж

خارپشت

заяц

خرگوش صحرایی

сова

بوم

птица

پرنده

лебедь

مرغابی

кабан

خوک وحشی

олень

گوزن

лось

گوزن شمالی

плотина

بند آب

ветряной генератор

توربین بادی

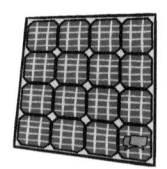

солнечная батарея

صفحه خورشیدی

климат

آب و هوا

ресторан

رستورانت

официант
پیشخدمت
меню
مینوی غذا
стул
چوکی
суп
سوپ
пицца
پیتزا
скатерть
روی میزی
столовые приборы
قاشق و پنجه و کارد

закуска

پیش غذا

главное блюдо

غذای اصلی

десерт

شرینی

напитки

نوشیدنی ها

еда

غذا

бутылка

بوتل

фастфуд

فاست فود

уличная еда

غذای کنار سرک

чайник

چاینک/ترموز

сахарница

قندانی

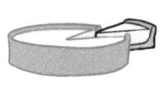

порция

بخش غذا

кофеварка

دستگاه اسپرسو

детский стульчик

چوکی بلند

счет

بل

поднос

پطنوس

нож

چاقو

вилка

پنجه

ложка

قاشق

чайная ложка

قاشق چای خوری

салфетка

دستپاک دسترخوان یا میز

стакан

گیلاس

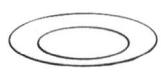

тарелка

بشقاب

суповая тарелка

بشقاب سوپ

блюдце

نعلبکی

соус

چتنی

солонка

نمکدان

мельница для перца

آسیاب مرچ

уксус

سرکه

масло

روغن خوراکی

специи

ادویه

кетчуп

کچاپ

горчица

ساس خردل

майонез

مایونز

супермаркет

سوپر مارکیت

специальное предложение
پیشنهاد خاص
покупатель
مشتری
молочные продукты
لبنیات
фрукты
میوه
тележка для покупок
چرخ دستی

мясной магазин

قصابی

пекарня

نانوایی

взвешивать

وزن کردن

овощи

سبزیجات

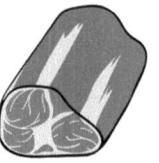

мясо

گوشت

быстрозамороженные продукты

غذای منجمد

нарезка

غذای سرد

консервы

غذای کنسر شده

стиральный порошок

پودر رختشویی

сладости

شیرینی

предмет домашнего обихода

لوازم خانگی

моющее средство

محصولات پاک کننده

продавщица

فروشنده

касса

دخل پیسه

кассир

صندوقدار

список покупок

لست خرید

время работы

ساعات کاری

бумажник

بکسک جیبی

кредитная карточка

کریدیت کارت

сумка

بیگ

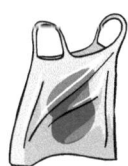

полиэтиленовый пакет

بیگ پلاستیکی

напитки

نوشیدنی ها

вода

آب

сок

جوس

молоко

شیر

кока-кола

نوشابه

вино

شراب

пиво

بیر

алкоголь

الکول

какао

ککو

чай

چای

кофе

قهوه

эспрессо

اسپرسو

капучино

کاپوچینو

банан

كيله

яблоко

سيب

апельсин

مالته

арбуз

تربوز

лимон

ليمو

морковь

زردگ

чеснок

سير

бамбук

چوب خيزران

лук

پياز

гриб

سمارق

орехи

مغزيات

лапша

آش

спагетти

مكرونى

рис

برنج

салат

سلاد

картофель фри

چيپس

жареный картофель

كچالو سرخ كرده

пицца

پيتزا

гамбургер

همبرگر

сэндвич

ساندويچ

шницель

كتلت

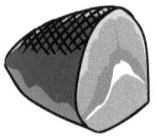

ветчина

همبرگر

салями

سالامى

колбаса

ساسج

курица

مرغ

жаркое

كباب

рыба

ماهى

овсяные хлопья

فرنی جو

мюсли

صبحانه رژیمی

кукурузные хлопья

کورن فلکس

мука

آرد

круассан

کروسانت

булочка

قرص نان

хлеб

نان خشک

тост

توست / نان بریان

печенье

بیسکیت

масло

مسکه

творог

چکه

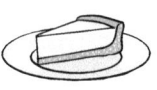

пирог

کیک

яйцо

تخم مرغ

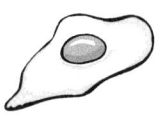

яичница

تخم مرغ سرخ شده

сыр

پنیر

мороженое

آيسكريم

сахар

شكر

мёд

عسل

мармелад

مربا

крем с нугой

مسكه چاكليت

карри

زردچوبه هندى

ферма

مزرعه

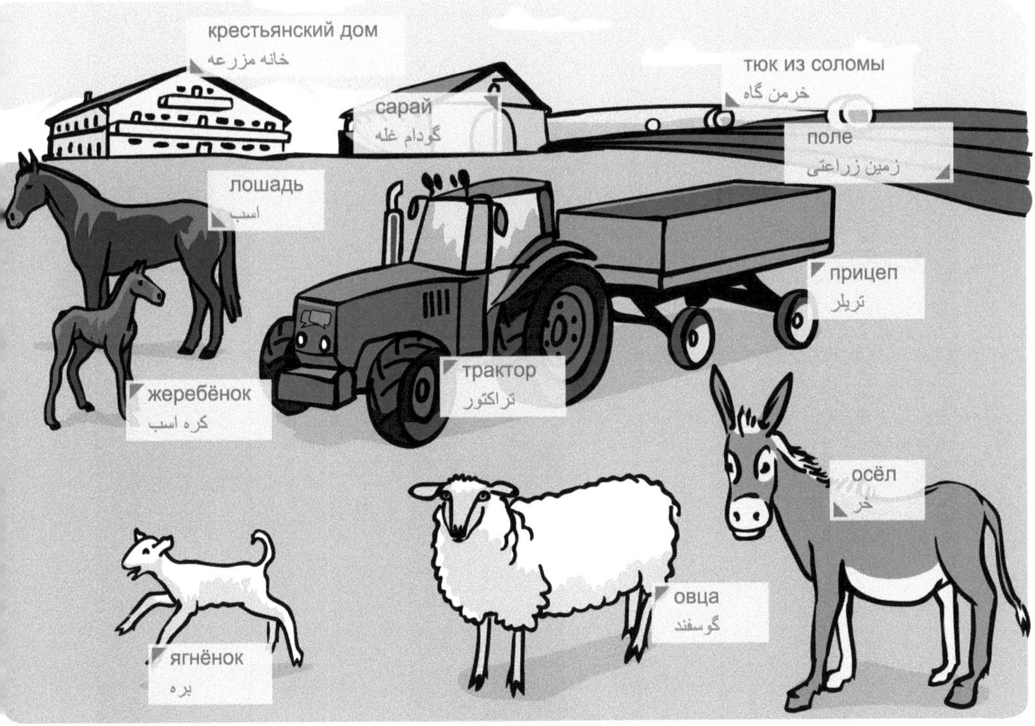
крестьянский дом
خانه مزرعه
сарай
گودام غله
тюк из соломы
خرمن گاه
поле
زمین زراعتی
лошадь
اسب
прицеп
تریلر
трактор
تراکتور
жеребёнок
کره اسب
осёл
خر
овца
گوسفند
ягнёнок
بره

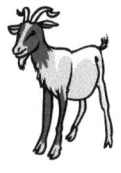

коза

بز

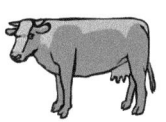

корова

گاو

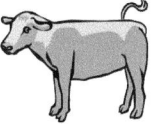

телёнок

گوساله

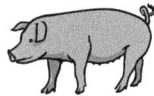

свинья

خوک

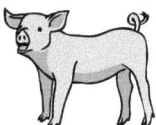

поросёнок

خوکچه

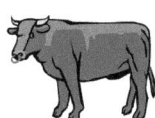

бык

گاو نر

гусь

قاز

утка

مرغابی

цыплёнок

چوچه مرغ

курица

مرغ

петух

خروس

крыса

موش صحرایی

кошка

پیشک

мышь

موش

вол

گاومیش

собака

سگ

конура

خانه سگ

садовый шланг

خانه باغ

лейка

آبپاش

коса

داس

плуг

قولبه کردن

серп

داس

мотыга

کج بیل

навозные вилы

چنگال باغبانی

топор

تبر

тачка

کراچی

корыто

تغار

бидон для молока

قوطی شیر

мешок

بوجی

забор

دیوار مرزی از چوب یا سیم خار دار

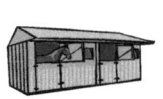

хлев

پایدار

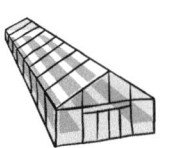

теплица

گلخانه

почва

خاک

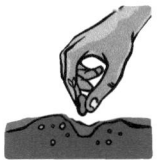

посев

تخم

удобрение

کود

комбайн

ماشین درو وخرمنکوبی

ферма - مزرعه

29

собирать урожай

درو کردن

урожай

درو

ямс

کچالو شرین

пшеница

گندم

соя

سویا

картофель

کچالو

кукуруза

جواری

рапс

کلزا

фруктовое дерево

درخت میوه

маниок

مانیوک

злаки

غلات و حبوبات

ферма - مزرعه

ДОМ
خانه

дымоход
دودکش
крыша
پشت بام
водосточный желоб
آب رو
окно
کلکین
гараж
گراج
звонок
زنگ دروازه
дверь
دروازه
мусорное ведро
سطل زباله
почтовый ящик
صندوق نامه
сад
باغچه

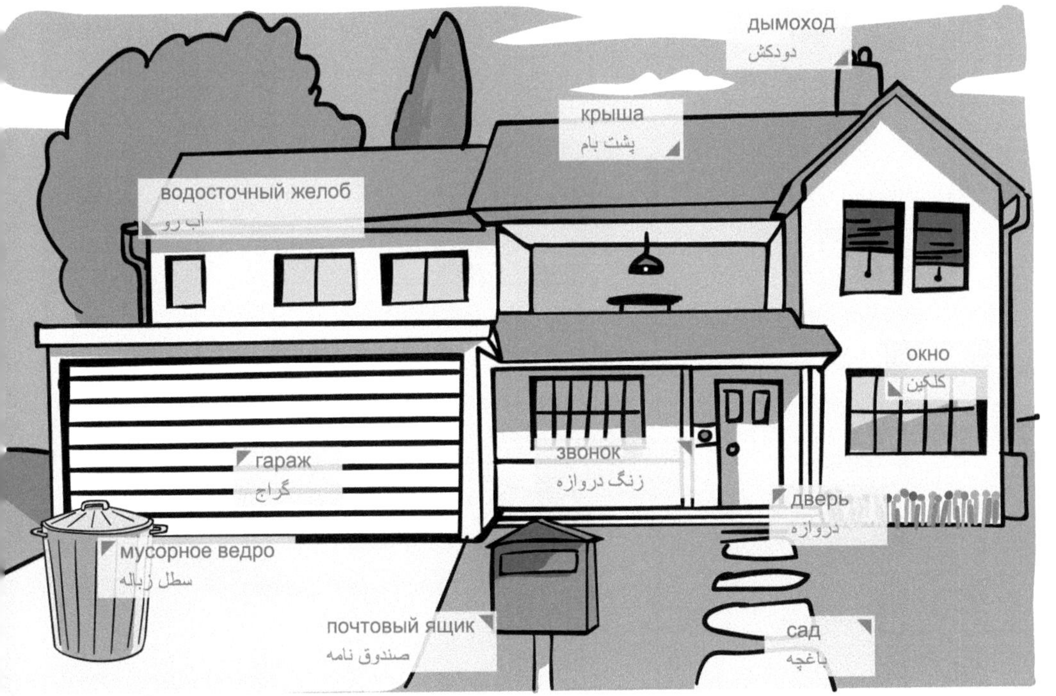

гостиная

اطاق نشیمن

ванная комната

حمام / دستشویی

кухня

آشپزخانه

спальня

اطاق خواب

детская комната

اطاق اطفال

столовая

اطاق پذیرایی

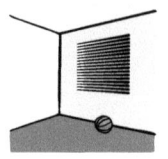

пол

کف زمین

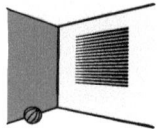

стена

دیوار

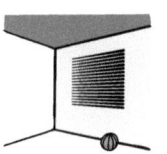

потолок

سقف

подвал

گودام زیر زمینی

сауна

سونا

балкон

بالکن

терраса

برنده / بالکن

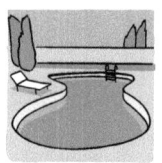

бассейн

حوض

газонокосилка

ماشین درو کردن چمن

пододеяльник

ورق کاغذ

покрывало

روجایی

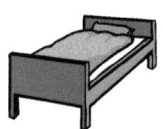

кровать

تختخواب

метла

جارو

ведро

سطل

выключатель

سویچ

гостиная
اطاق نشیمن

обои
کاغذ دیواری
рисунок
تصویر
лампа
چراغ
полка
قفسه
шкаф
کابینت
телевизор
تلویزیون
камин
بخاری دیواری
цветок
گل
подушка
بالشت
диван
کوچ
ваза
گلدان
пульт дистанционного управления
ریموت کنترول

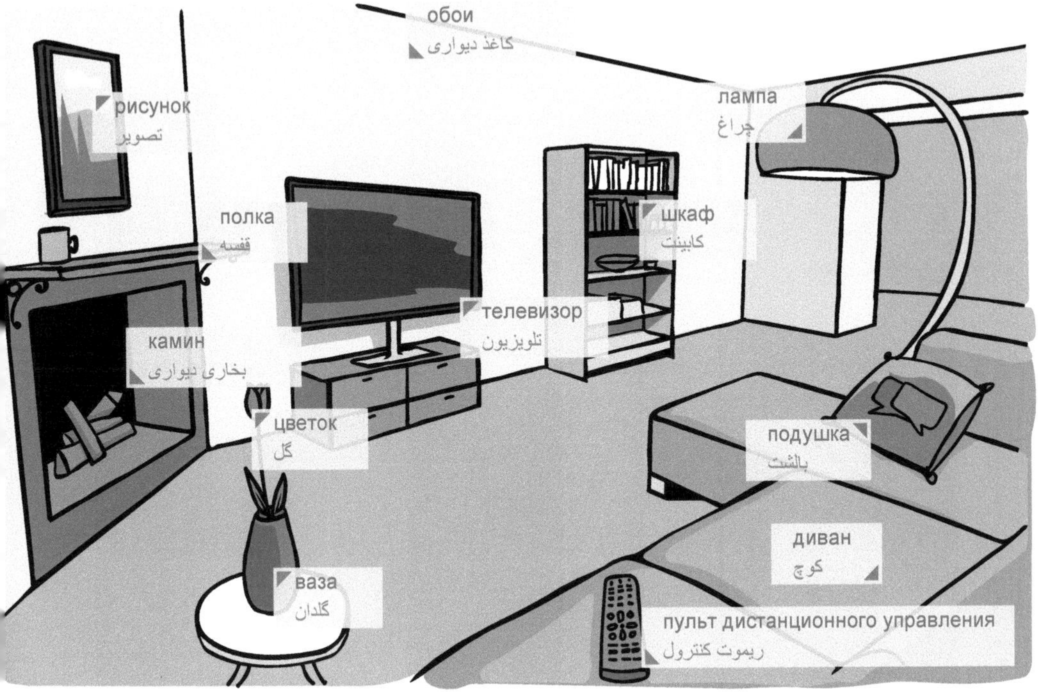

ковёр

فرش

штора

پرده

стол

میز

стул

چوکی

кресло-качалка

چوکی گهواره یی

кресло

چوکی دسته دار

книга

کتاب

покрывало

کمپل

украшение

دکوراسیون

дрова

هیزم

фильм

فلم

стереосистема

سیستم های فای

ключ

کلید

газета

روزنامه

картина

تابلوی نقاشی

плакат

پوستر

радио

رادیو

блокнот

دفتر

пылесос

جاروبرقی

кактус

کاکتوس

свеча

شمع

кухня

آشپزخانه

منقل مایکروویو
кухонные весы
ترازوی آشپزخانه
тостер
تستر
моющее средство
مواد شوینده
духовка
داش
морозилка
یخ دانی
мусорное ведро
سطل زباله
посудомоечная машина
ظرفشویی

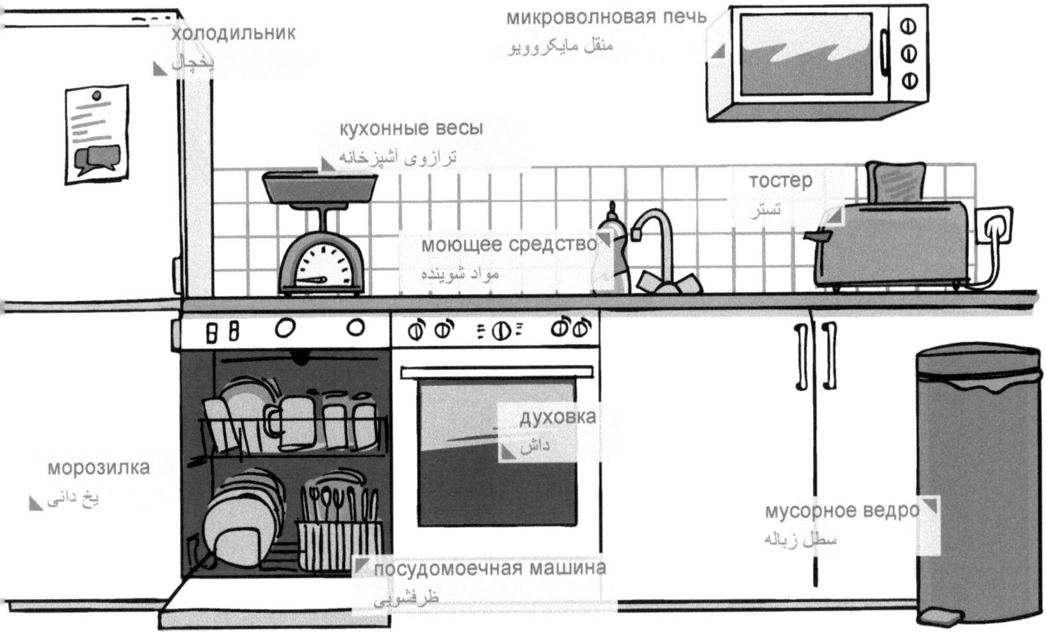

плита

منقل

кастрюля

دبگ

чугунный котелок

دیگ چدنی

вок / кадай

کراهی

сковорода

تابه

чайник

چای جوش

кухня - آشپزخانه 35

пароварка

بخارپز

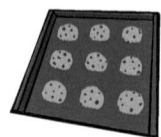

противень

پطنوس طباخی

посуда

ظروف

кружка

پیاله کلان

миска

کاسه

палочки для еды

چاپستیک ها

половник

ملاقه

лопатка

کفگیر

сбивалка

مخلوط کننده

сито

چلو صاف

сито

غلبیل

тёрка

رنده

ступка

هاونگ

гриль

بار بیکیو

костёр

آتش باز

доска

تخته برش

скалка

آشگز

штопор

سر بازکن

жестяная банка

قوطی

консервный нож

سر باز کن

прихватка

دستگیره تکه ای

раковина

ظرف شویی

щетка

برس ظرف شویی

губка

اسفنج

миксер

مخلوط کن

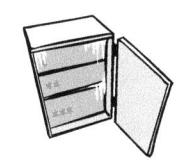

морозильная камера

فریزر

бутылочка для кормления

شیر چوشک اطفال

кран

نل آب

ванная комната
حمام / دستشویی

отопление
گرم کننده
полотенце
جان پاک
пенистая ванна
حمام کف
ванна
تب حمام
стиральная машина
ماشین لباسشویی
плитка
کاشی
горшок
پات اطفال
душ
شاور
душевая занавеска
پرده حمام
стакан
گیلاس
кран
نل آب
раковина
ظرف شویی

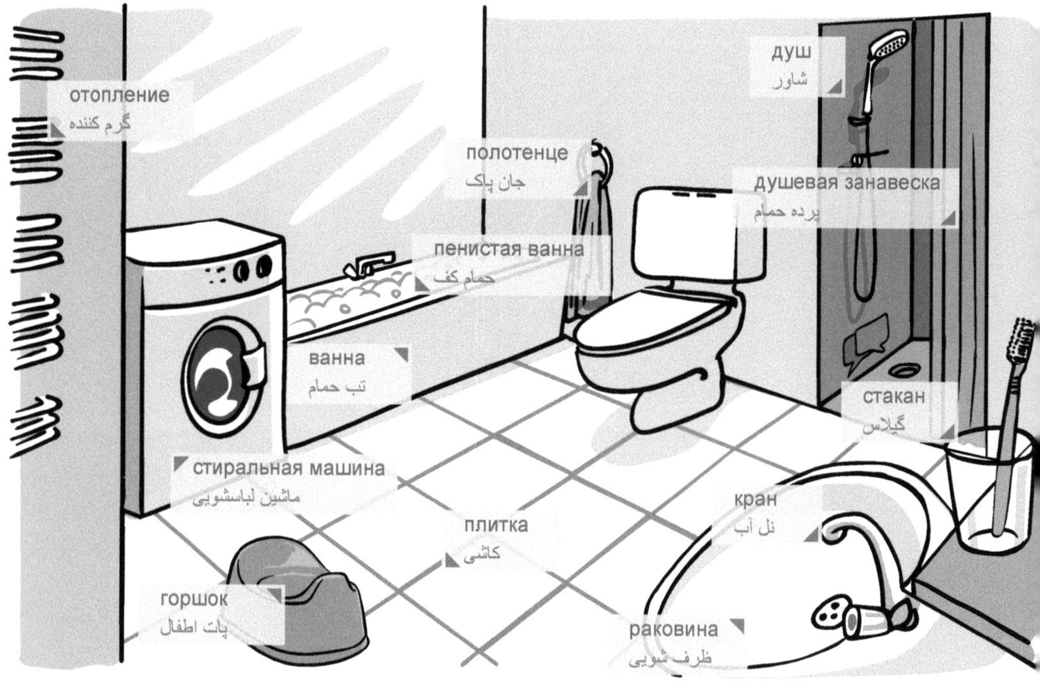

туалет

تشناب

напольный унитаз

کمود فرشی

биде

کمود

писсуар

تشناب مرد ها

туалетная бумага

کاغذ تشناب

ершик

برس کمود

зубная щетка

برس دندان

зубная паста

كريم دندان

зубная нить

نخ دندان

мыть

شستن

ручной душ

شاور دستی

интимный душ

شاور كمود

таз

دستشویی

щетка для спины

برس پشت

мыло

صابون

гель для душа

جل حمام

шампунь

شامپو

мочалка

ليف

сток

آب رو

крем

كريم

дезодорант

بوزدا

зеркало

آینه

ручное зеркало

آینه دستی

бритва

ریش تراش

пена для бритья

کف ریش تراشی

лосьон после бритья

کلونیا

расческа

شانه موی

щетка

برس

фен

سشوار

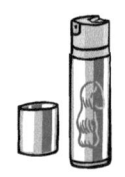

лак для волос

اسپری مو

косметика

آرایش

губная помада

لب سرین

лак для ногтей

رنگ ناخن

вата

پشم پنبه

маникюрные ножницы

ناخن گیر

духи

عطر

косметичка

کیسه شستشو

табуретка

چوکی چار پایه

весы

ترازوی وزن

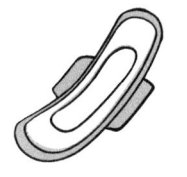

халат

جان پاک

резиновые перчатки

دستکش پلاستیکی

тампон

تامپون

гигиеническая прокладка

کوتکس

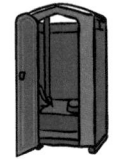

биотуалет

تشناب سیار

детская комната

اطاق اطفال

будильник
ساعت زنگ دار
мягкая игрушка
گدی های نرم
игрушечный автомобиль
موتر سامان بازی
погремушка
جرنگانه
кукольный домик
خانه گدی
подарок
هدیه

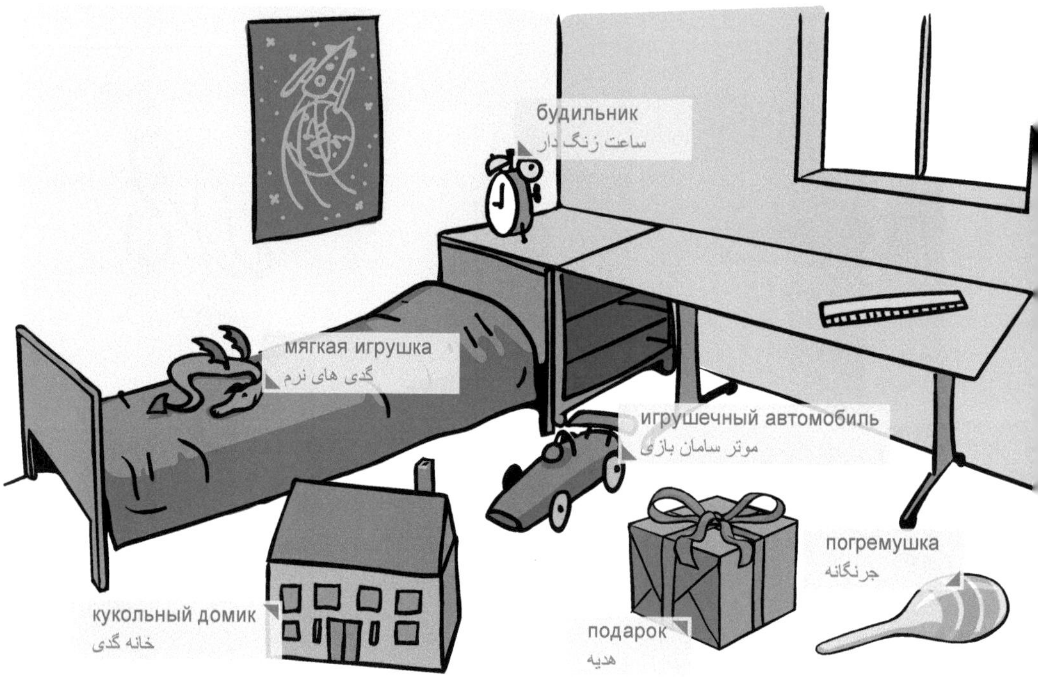

воздушный шар

پوقانه

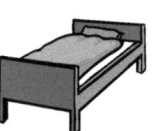

кровать

تختخواب

детская коляска

ریکشه اطفال

карточная игра

قطعه بازی

пазл

پازل

комикс

خنده آور

кирпичики Лего

خشت های لگو

кубики

بلوک های سامان بازی

игрушечная фигурка

بچه فلم

ползунки

لباس طفل

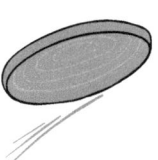

фрисби

فریزبی

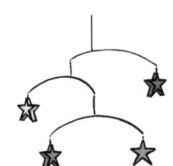

мобиле

سامان بازی که روی تخت خواب اطفال
اویزان می شود

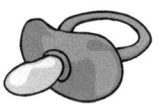

настольная игра

بازی تخته یی

кубик

تاس

модель железной дороги

ریل اسباب بازی

соска

چوشک

вечеринка

مهمانی

книга с картинками

کتاب تصویری

мяч

توپ

кукла

گدیگک

играть

بازی کردن

песочница

جعبه ریگ

качели

گاز

игрушка

اسباب بازی

игровая приставка

کنسول بازی کمپیوتری

трёхколесный велосипед

سه چرخه

плюшевый медвежонок

خرس سامان بازی

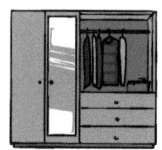

шкаф для одежды

الماری لباس

одежда

لباس

носки

جوراب

чулки

جوراب دراز

колготки

برجس

шарф
چادر سر

зонтик
چتری

ремень
کمربند

футболка
بلوز

сапоги
بوت

тапки
چپلک

кроссовки
کرمچ

сандалии
چپلی

ботинки
بوت

резиновые сапоги
موزه پلاستیکی

трусы
نیکر

бюстгальтер
واسکت زنانه

майка
واسکت

боди

بدن

брюки

برزو

джинсы

پتلون کاوبای

юбка

دامن

блузка

بلوز

рубашка

پيراهن

свитер

يالان

свитер

جاکت کلاه دار

спортивная куртка

جاکت

жакет

چمپر

пальто

کورتی

плащ

کوت بارانی

костюм

لباس مخصوص مراسم

платье

پيراهن

свадебное платье

لباس عروسی

мужской костюм

دریشی

ночная сорочка

لباس خواب

пижама

پاجامه

сари

ساری

платок

چادر سر

тюрбан

لنگی

паранджа

چادری

кафтан

کفتان

абайя

چادر

купальник

لباس آببازی

плавки

نیکر پاچه دار

шорты

پتلون نصفه

спортивный костюм

لباس ورزشی

фартук

پیش بند

перчатки

دستکش

одежда - لباس   47

пуговица

دکمه

очки

عینک

браслет

دستبند

цепочка

گردن بند

кольцо

انگشتر

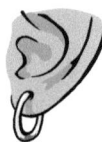

серьга

گوشواره

шапка

کلاه پیک دار

вешалка

کوت بند

шляпа

کلاه

галстук

نیکتایی

застежка молния

زیپ

шлем

کلاه مصون

подтяжки

بند تنبان

школьная форма

یونیفورم مکتب

форма

یونیفورم

детский нагрудник

پیش بند

соска

چوشک

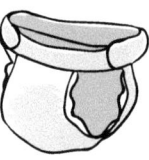

подгузник

پمپر

офис

دفتر

сервер
سرور

канцелярский шкаф
الماری اسناد

принтер
پرینتر

монитор
مانیتور

бумага
کاغذ

мышь
ماوس

письменный стол
میز کار

папка
فولدر

клавиатура
کیبورد

стул
چوکی

корзина для бумаг
سبد کاغذ باطله

компьютер
کمپیوتر

кофейная кружка

گیلاس قهوه

калькулятор

ماشین حساب

интернет

اینترنت

ноутбук

لپ تاپ

письмо

نامه

сообщение

پیام

мобильный телефон

موبایل

сеть

شبکه

ксерокс

ماشین فوتوکاپی

программа

نرم افزار

телефон

تلیفون

розетка

پلک

факс

دستگاه فکس

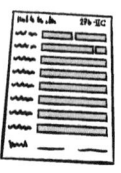

формуляр

فورمه

документ

سند

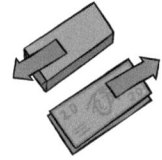

покупать

خرید کردن

платить

پرداختن

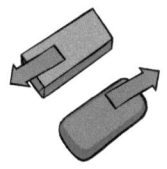

торговать

تجارت کردن

деньги

پول

доллар

دالر

евро

یورو

иена

ین

рубль

روبل

франк

فرانک سوئیس

жэньминьби юань

یوان رنمینبی

рупия

روپیه

банкомат

خودپرداز

пункт обмена валюты

دفتر صرافی

золото

طلا

серебро

نقره

нефть

نفت

энергия

انرژی

цена

قیمت

договор

قرارداد

налог

مالیات

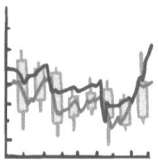

акция

سهام

работать

کار کردن

служащий

کارمند

работодатель

استخدام کننده

фабрика

فابریکه

магазин

مغازه

профессии

شغل ها

пожарный
آتش نشان
милиционер
افسر پولیس
повар
آشپز
врач
داکتر
пилот
پیلوت

садовник

باغبان

столяр

نجار

швея

خیاط

судья

قاضی

химик

کیمیا دان

актёр

بازیگر

водитель автобуса

راننده بس

таксист

راننده تکسی

рыбак

ماهیگیر

уборщица

خدمه

кровельщик

سقف ساز

официант

پیشخدمت

охотник

شکارچی

художник

نقاش

пекарь

نانوا

электрик

برقی

строитель

بنا

инженер

انجنیر

мясник

قصاب

сантехник

نلدوان

почтальон

پستچی

солдат

سرباز

архитектор

معمار

кассир

صندوقدار

флорист

گل فروش

парикмахер

آرایشگر

кондуктор

مامور تکت ریل

механик

میخانیک

капитан

کاپیتان

зубной врач

داکتر دندان

ученый

دانشمند

раввин

خاخام/ عالم یهودی

имам

امام

монах

راهب

священник

ملا

инструменты

ابزار

молоток
چکش
плоскогубцы
پلاس
отвёртка
پیچ کش
гаечный ключ
رینچ
карманный фона
چراغ دستی

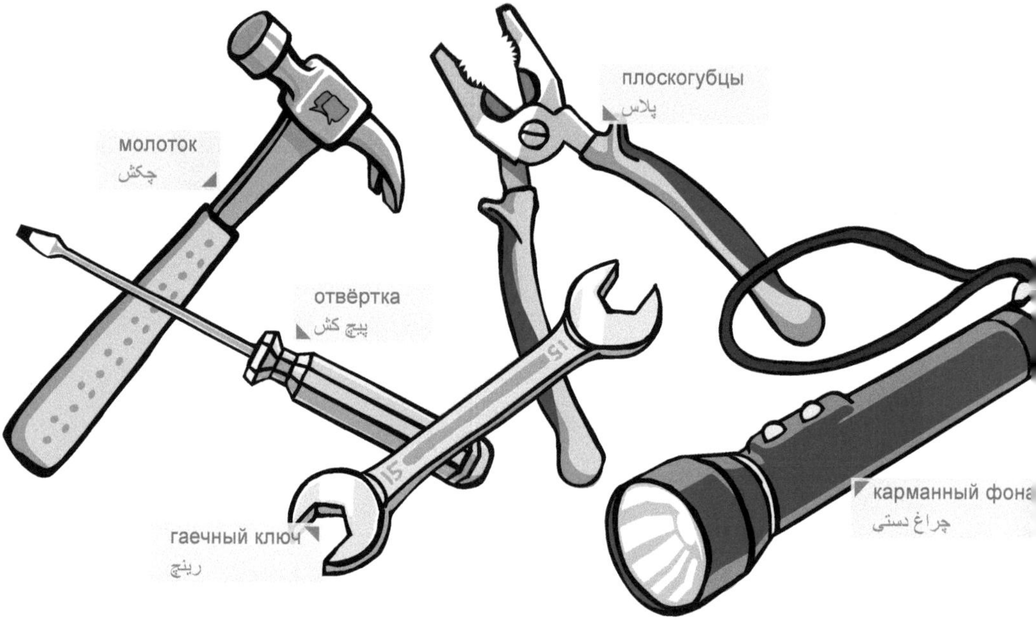

экскаватор

ماشین حفاری

ящик для инструментов

جعبه ابزار

стремянка

زینه

пила

اره

гвозди

میخ

дрель

برمه

ремонтировать
....
ترمیم کردن

лопата
....
بیل

Блин!
....
لعنتی!

совок
....
خاکروبه

ведро с краской
....
سطل رنگ

винты
....
پیچ

музыкальные инструменты

آلات موسیقی

громкоговоритель
بلندگو

ударный инструмент
درام کیت

гитара
گیتار

контрабас
کنترباس

труба
ترومپت

пианино

پیانو

скрипка

وایلن

бас-гитара

گیتار بیس

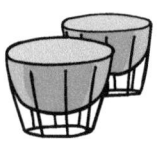

литавры

دهل

барабан

دول

синтезатор

پیانوی برقی

саксофон

ساکسوفون

флейта

توله

микрофон

میکروفون

зоопарк

باغ وحش

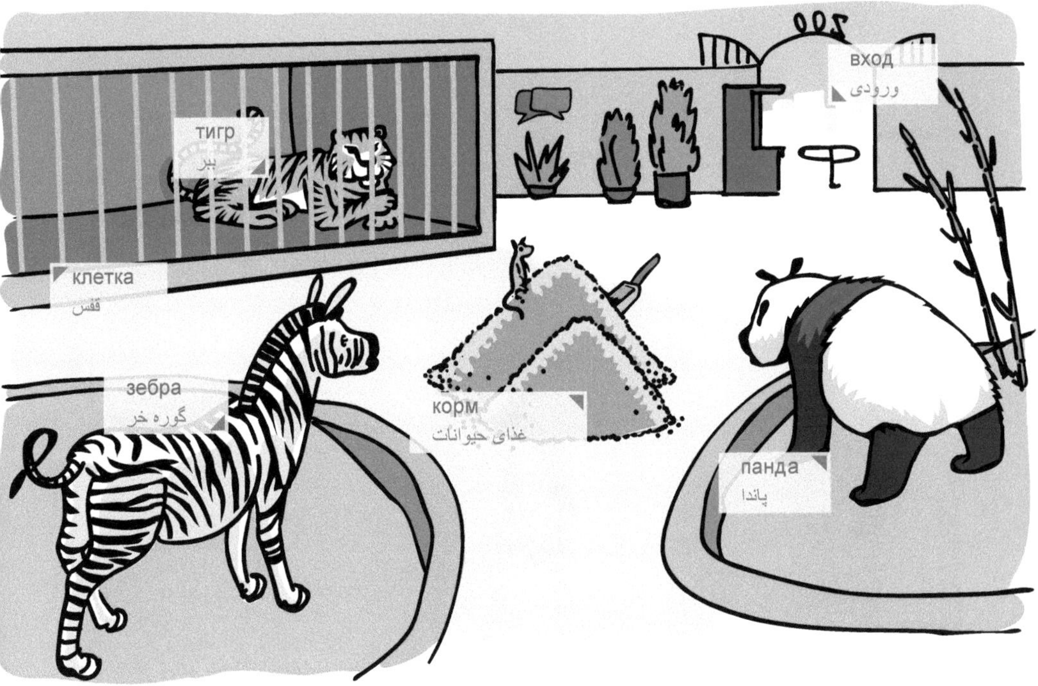
вход
ورودی
тигр
ببر
клетка
قفس
зебра
گوره خر
корм
غذای حیوانات
панда
پاندا

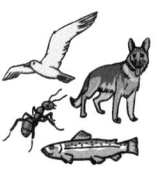

животные

حیوانات

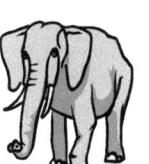

слон

فیل

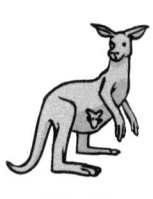

кенгуру

کانگورو

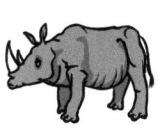

носорог

غژ گاو

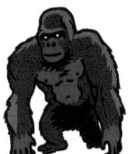

горилла

گوریلا

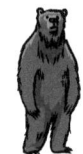

медведь

خرس

верблюд

شتر

страус

شترمرغ

лев

شیر

обезьяна

میمون

фламинго

فلامینگو

попугай

طوطی

белый медведь

خرس قطبی

пингвин

پنگوئن

акула

کوسه

павлин

طاووس

змея

مار

крокодил

تمسا

служитель зоопарка

نگهبان باغ وحش

тюлень

سگ آبی

ягуар

پلنگ خالدار امریکایی

пони

اسب کوچک

леопард

پلنگ

бегемот

اسب آبی

жираф

زرافه

орёл

عقاب

кабан

خوک وحشی

рыба

ماهی

черепаха

سنگ پشت

морж

شیر دریایی

лиса

روباه

газель

غزال

спорт

ورزش ها

американский футбол
فوتبال امریکایی
езда на велосипеде
بایسکل سواری
теннис
تنیس
баскетбол
باسکتبال
плавание
آب بازی
хоккей
هاکی روی یخ
бокс
بوکس

футбол
فوتبال

бадминтон
بدمینتون

лёгкая атлетика
ورزشکاری

гандбол
هندبال

лыжный спорт
اسکی

поло
پولو

действия
فعالیت ها

смеяться
خندیدن
прыгать
خیز زدن
обнимать
بغل کردن
идти
راه رفتن
петь
خواندن
мечтать
خواب دیدن
молиться
دعا کردن
целовать
بوسیدن

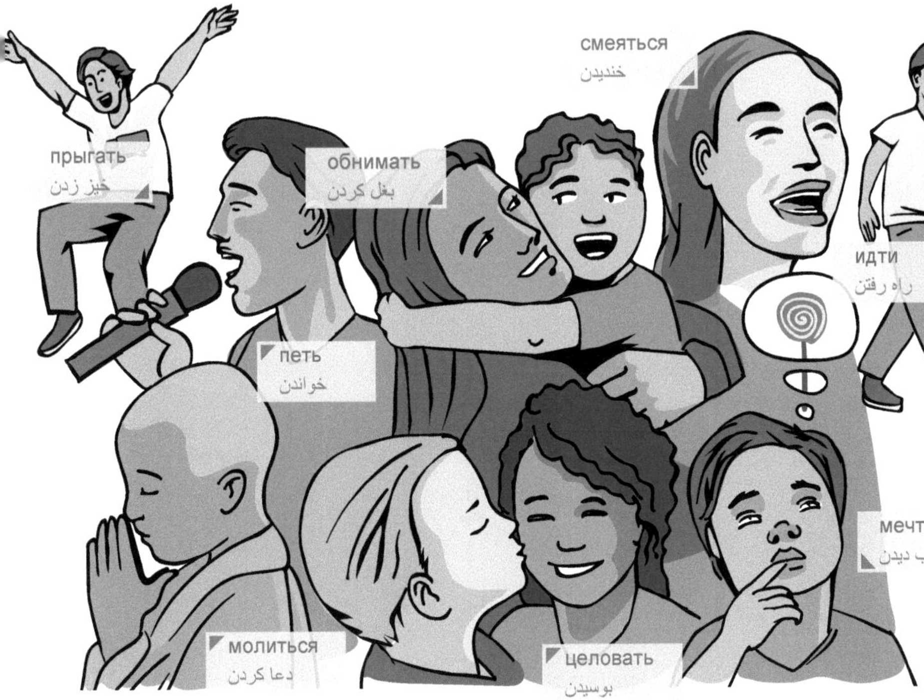

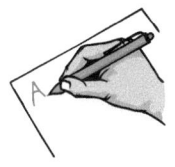

писать
نوشتن

рисовать
کشیدن

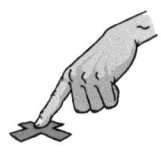

показывать
نشان دادن

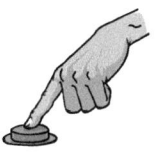

нажимать
تیله کردن

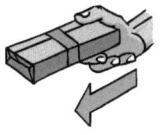

давать
دادن

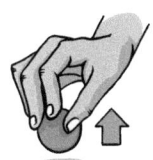

брать
گرفتن

иметь

داشتن

делать

انجام دادن

быть

بودن

стоять

ایستادن

бежать

دویدن

тянуть

کش کردن

бросать

پرتاب کردن

падать

افتادن

лежать

دروغ گفتن

ждать

صبر کردن

носить

حمل کردن

сидеть

نشستن

надевать

لباس پوشیدن

спать

خوابیدن

просыпаться

بیدار شدن

рассматривать

نگاه کردن

плакать

گریه کردن

гладить

ضربه زدن

причесывать

شانه کردن

говорить

صحبت کردن

понимать

فهمیدن

спрашивать

پرسیدن

слушать

گوش دادن

пить

نوشیدن

кушать

خوردن

наводить порядок

مرتب کردن

любить

عشق ورزیدن

готовить

پختن

ехать

راننده گی کردن

летать

پرواز کردن

ходить под парусом

روی آب حرکت کردن

считать

حساب کردن

читать

خواندن

учиться

یاد گرفتن

работать

کار کردن

вступать в брак

ازدواج کردن

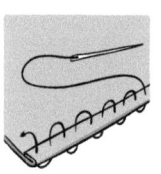

шить

دوختن

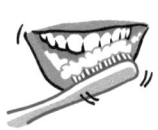

чистить зубы

برس کردن دندان ها

убивать

کشتن

курить

سگریت کشیدن

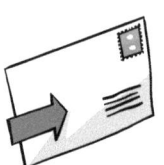

отправлять

فرستادن

семья

فامیل

бабушка
مادرکلان
дедушка
پدرکلان
папа
پدر
мама
مادر
младенец
نوزاد
дочь
دختر
сын
پسر

гость

مهمان

тетя

عمه / خاله

дядя

ماما/کاکا

брат

برادر

сестра

خواهر

тело

بدن

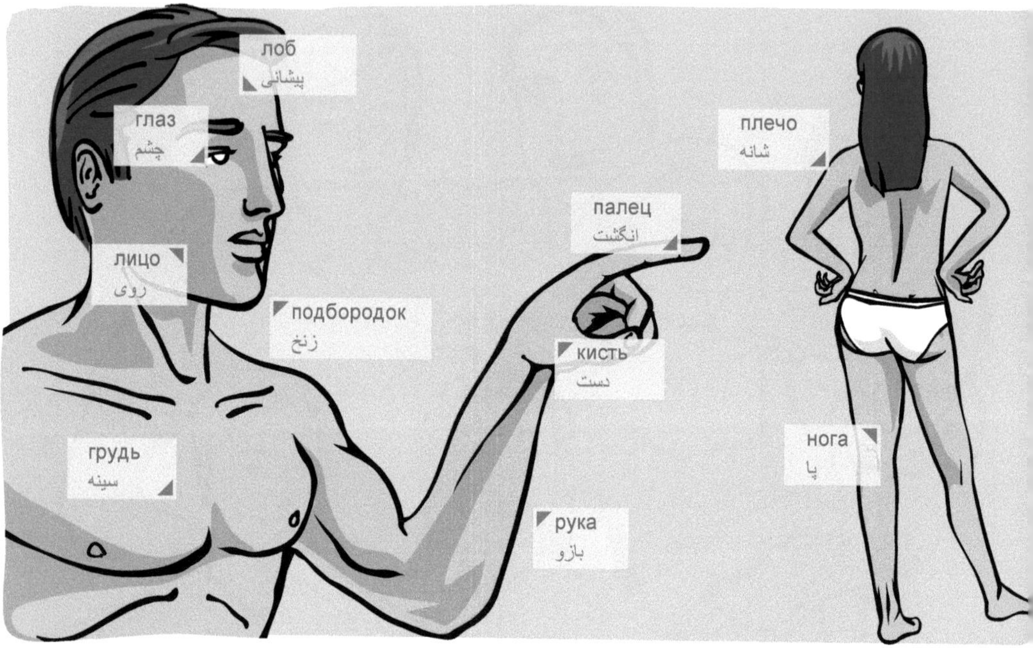

лоб
پیشانی
глаз
چشم
плечо
شانه
палец
انگشت
лицо
روی
подбородок
زنخ
кисть
دست
нога
پا
грудь
سینه
рука
بازو

младенец
نوزاد

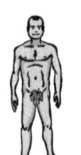

мужчина
مرد

женщина
زن

девочка
دختر

мальчик
پسر

голова
سر

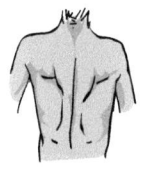

спина

....

کمر

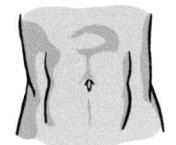

живот

....

شکم

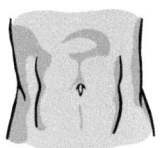

пупок

....

ناف

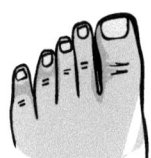

палец ноги

....

انگشت پا

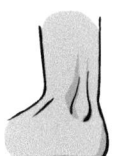

пятка

....

کوری پای

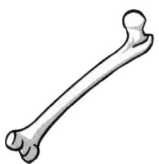

кость

....

استخوان

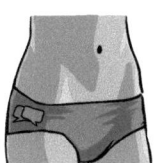

бедро

....

کمر

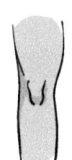

колено

....

زانو

локоть

....

آرنج

нос

....

بینی

ягодицы

....

سرین

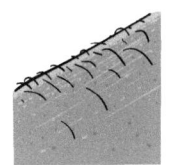

кожа

....

پوست

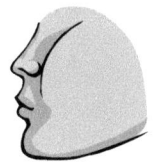

щека

....

گومه

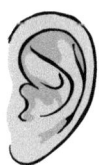

ухо

....

گوش

губа

....

لب

рот

دهان

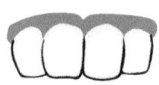

зуб

دندان

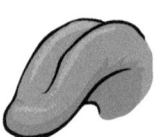

язык

زبان

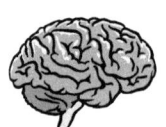

мозг

مغز

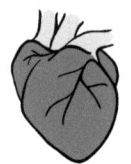

сердце

قلب

мышца

عضله

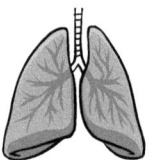

лёгкое

شش

печень

جگر

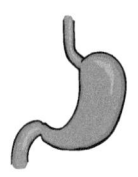

желудок

معده

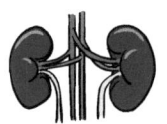

почки

گرده

половой акт

رابطه جنسی

презерватив

کاندوم

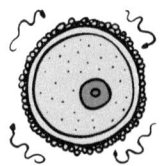

яйцеклетка

تخمه

сперма

آب منی

беременность

حاملگی

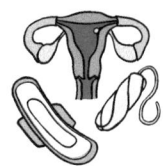

менструация

قاعده گی

вагина

مجرای تناسلی زن

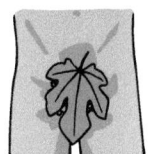

пенис

آلت تناسلی مرد

бровь

ابرو

волосы

مو

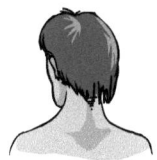

шея

گردن

больница

شفاخانه

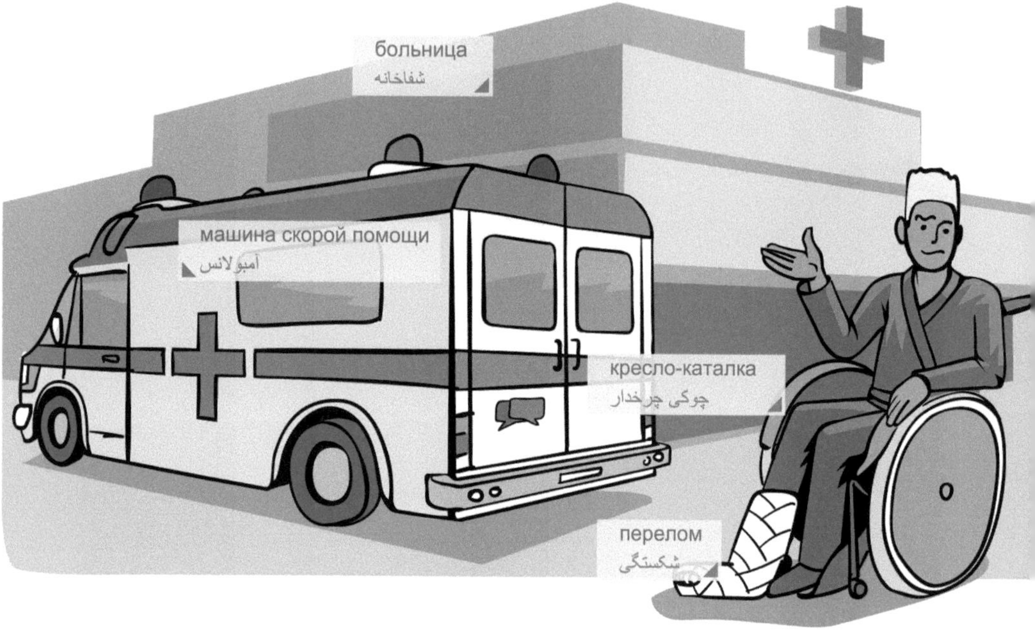

машина скорой помощи
آمبولانس
кресло-каталка
چوکی چرخدار
перелом
شکستگی

врач

داکتر

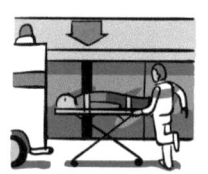

пункт первой помощи

اطاق عاجل

медсестра

نرس

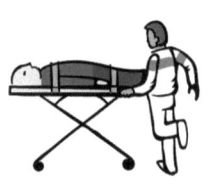

неотложный случай

عاجل

без сознания

بیهوش

боль

درد

повреждение

جراحت

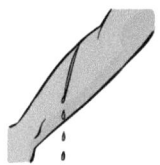

кровотечение

خونریزی

инфаркт

حمله قلبی

инсульт

سکته مغزی

аллергия

حساسیت

кашель

سرفه

повышенная температура

تب

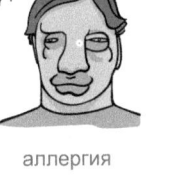

грипп

انفلوانزا

понос

اسهال

головная боль

سردرد

рак

سرطان

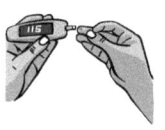

диабет

شکر

хирург

جراح

скальпель

چاقوی جراحی

операция

عملیات

КТ

سی تی

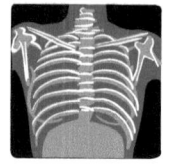

рентген

ایکسری

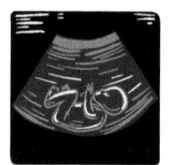

ультразвук

سونوگرافی

маска

ماسک روی

болезнь

مریضی

приёмная

اطاق انتظار

костыль

عصا

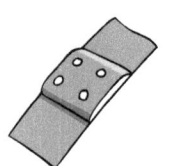

пластырь

گچ

бинт

پانسمان

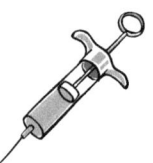

укол

تزریق

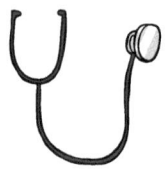

стетоскоп

استاتسکوپ

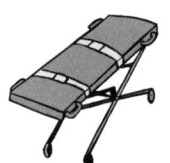

носилки

تذکره

термометр

ترمامیتر کلینیکی

рождение

تولد

избыточный вес

اضافه وزن

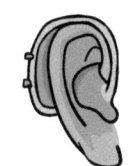

слуховой аппарат

سمعک

дезинфекционное средство

ضدعفونی کننده

инфекция

عفونت

вирус

وایروس

ВИЧ / СПИД

اچ آی وی / ایدز

лекарство

ادویه

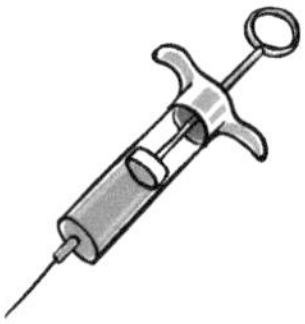

прививка

واکسیناسیون

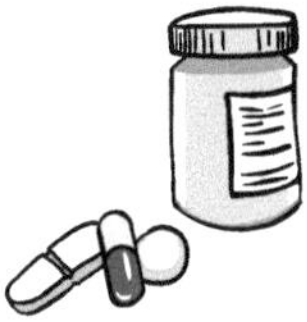

таблетки

تابلیت ها

противозачаточная таблетка

تابلیت

экстренный вызов

تماس اضطراری

прибор для измерения кровяного давления

مانیتور فشار خون

больной / здоровый

بیمار / سالم

неотложный случай

عاجل

Помогите!

کمک!

сигнал тревоги

زنگ هشدار

нападение

تجاوز

атака

حمله

опасность

خطر

запасной выход

خروج اضطراری

Пожар!

آتش!

огнетушитель

آله ضد حریق

несчастный случай

حادثه

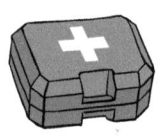

аптечка

بکسه کمک های اولیه

SOS

پیام اضطراری

милиция

پولیس

Европа

اروپا

Северная Америка

امریکای شمالی

Южная Америка

امریکای جنوبی

Африка

أفريقا

Азия

آسیا

Австралия

استرالیا

Атлантический океан

اقیانوس اطلس

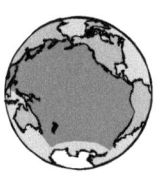

Тихий океан

اقیانوس آرام

Индийский океан

اقیانوس هند

Антарктический океан

اقیانوس منجمد جنوبی

Северный Ледовитый
океан

اقیانوس منجمد شمالی

Северный полюс

قطب شمال

Южный полюс

قطب جنوب

Антарктика

قاره قطب جنوب

земля

زمین

суша

خشکی

море

دریا

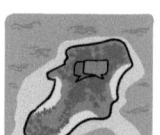

остров

جزیره

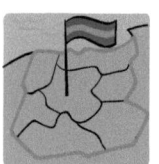

нация

ملت

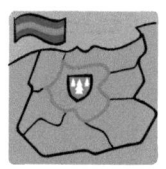

государство

کشور

часы

ساعت

циферблат

روی ساعت

часовая стрелка

عقربه ساعت شمار

минутная стрелка

عقربه دقیقه شمار

секундная стрелка

عقربه ثانیه شمار

Который час?

ساعت چند است؟

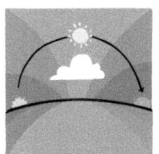

день

روز

время

زمان

сейчас

اکنون

электронные часы

ساعت دستی دیجیتل

минута

دقیقه

час

ساعت

неделя

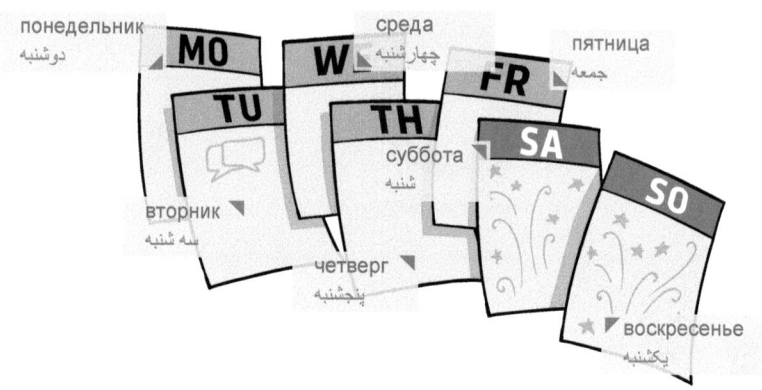

هفته

понедельник
دوشنبه
среда
چهارشنبه
пятница
جمعه
суббота
شنبه
вторник
سه شنبه
четверг
پنجشنبه
воскресенье
یکشنبه

вчера

دیروز

сегодня

امروز

завтра

فردا

утро

صبح

полдень

ظهر

вечер

غروب

рабочие дни

روزهای کاری

выходные

آخر هفته

год

سال

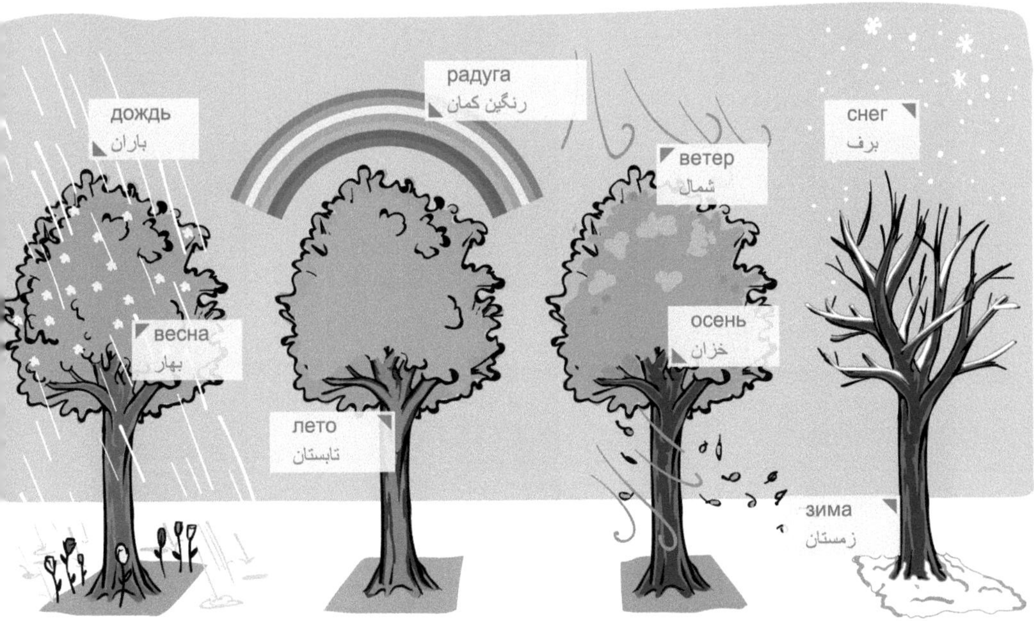

радуга
رنگین کمان
дождь
باران
снег
برف
ветер
شمال
весна
بهار
осень
خزان
лето
تابستان
зима
زمستان

4.APRIL 11°
5.APRIL 4°
6.APRIL 13°
7.APRIL 8°
8.APRIL 10°

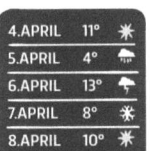

прогноз погоды

پیش بینی آب و هوا

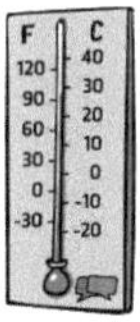

F C
120 40
90 30
60 20
30 10
0 0
-30 -10
-20

термометр

ترماميتر

солнечный свет

آفتاب

туча

ابر

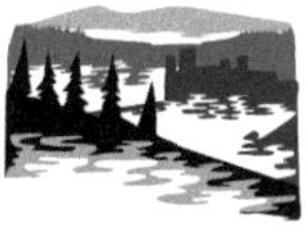

туман

غبار

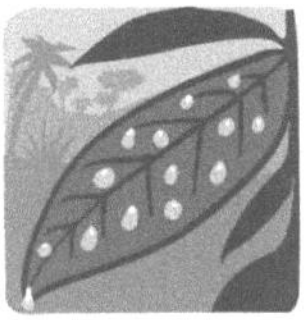

влажность воздуха

رطوبت

молния

رعد و برق

гром

الماسک

буря

طوفان

град

ژاله

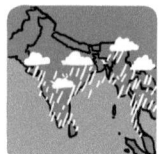

муссон

موسم بارندگی

наводнение

سیل

лёд

یخ

январь

جنوری

февраль

فبروری

март

مارچ

апрель

اپریل

май

می

июнь

جون

июль

جولای

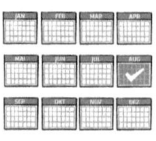

август

اگست

сентябрь
....
سپتمبر

октябрь
....
اكتوبر

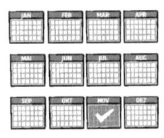

ноябрь
....
نومبر

декабрь
....
دسمبر

формы

شكل ها

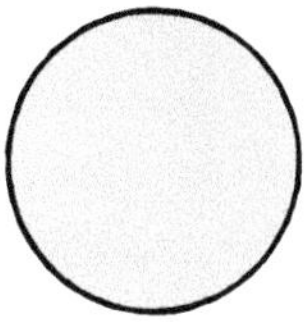

круг
....
دايره

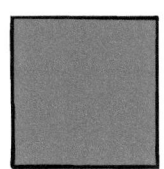

квадрат
....
مربع

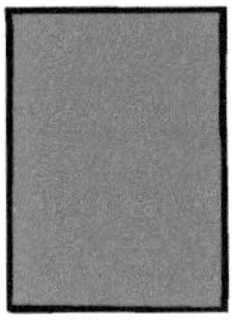

прямоугольник
....
مستطيل

треугольник
....
مثلث

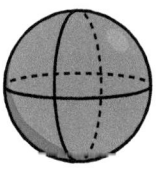

шар
....
كره

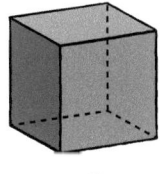

куб
....
مكعب

цвета

رنگ ها

белый

سفید

желтый

زرد

оранжевый

نارنجی

розовый

گلابی

красный

سرخ

лиловый

بنفش

синий

آبی

зелёный

سبز

коричневый

نصواری/قهوه یی

серый

خاکستری

черный

سیاه

противоположности

متضاد ها

много / мало

....

زیاد / کم

яростный / мирный

....

عصبانی / آرام

красивый / уродливый

....

مقبول / بدرنگ

начало / конец

....

آغاز / پایان

большой / маленький

....

بزرگ / کوچک

светлый / темный

....

روشن / تیره

брат / сестра

....

برادر / خواهر

чистый / грязный

....

پاک / کثیف

полный / неполный

....

کامل / ناقص

день / ночь

....

روز / شب

мёртвый / живой

....

مرده / زنده

широкий / узкий

....

عریض / باریک

съедобный / несъедобный

خوراکی / غیر خوراکی

злой / дружелюбный

عصبانی / دوستانه

взволнованный /
скучающий

هیجان زده / کسل

толстый / худой

چاق / لاغر

сначала / в конце

اول / آخر

друг / враг

دوست / دشمن

полный / пустой

پر / خالی

твёрдый / мягкий

سخت / نرم

тяжёлый / легкий

سنگین / سبک

голод / жажда

گرسنگی / تشنگی

больной / здоровый

بیمار / سالم

незаконный / законный

غیر قانونی / قانونی

умный / глупый

باهوش / احمق

слева / справа

چپ / راست

близко / далеко

نزدیک / دور

новый / подержанный
....
نو / کهنه

ничто / нечто
....
هیچ چیز / چیزی

старый / молодой
....
پیر / جوان

включено / выключено
....
روشن / خاموش

открыто / закрыто
....
باز / بسته

тихо / громко
....
بی صدا / پر سر و صدا

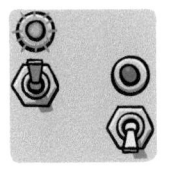

богатый / бедный
....
ثروتمند / فقیر

правильный /
неправильный
....
صحیح / غلط

шероховатый / гладкий
....
ناهموار / هموار

печальный / счастливый
....
غمگین / خوشحال

короткий / длинный
....
کوتاه / بلند

медленный / быстрый
....
آهسته / سریع

мокрый / сухой
....
تر / خشک

тёплый / прохладный
....
گرم / سرد

война / мир
....
جنگ / صلح

цифры

اعداد

0

ноль

صفر

1

один

یک

2

два

دو

3

три

سه

4

четыре

چهار

5

пять

پنج

6

шесть

شش

7

семь

هفت

8

восемь

هشت

9

девять

نه

10

десять

ده

11

одиннадцать

یازده

12

двенадцать

دوازده

13

тринадцать

سیزده

14

четырнадцать

چهارده

15

пятнадцать

پانزده

16

шестнадцать

شانزده

17

семнадцать

هفده

18

восемнадцать

هجده

19

девятнадцать

نوزده

20

двадцать

بیست

100

сто

صد

1.000

тысяча

هزار

1.000.000

миллион

میلیون

ЯЗЫКИ
زبان ها

английский

انگلیسی

американский английский

انگلیسی امریکایی

мандаринский китайский

چینی ماندارین

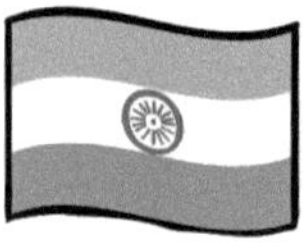

хинди

هندی

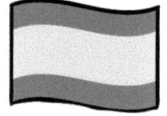

испанский

اسپانیایی

французский

فرانسوی

арабский

عربی

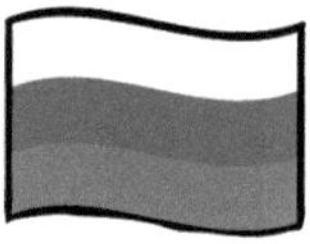

русский

روسی

португальский

پرتغالی

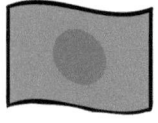

бенгальский

بنگالی

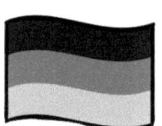

немецкий

آلمانی

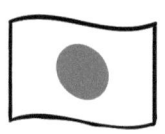

японский

جاپانی

я

من

ты

شما

он / она / оно

او / او / آن

мы

ما

вы

شما

они

آن ها

кто?

کی؟

что?

چی؟

как?

چطور؟

где?

کجا؟

когда?

چه وقت؟

имя

اسم

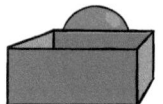

где

کجا

за

عقب

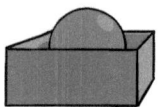

в

در

перед

پیش روی

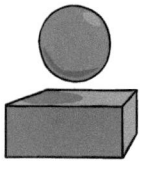

над

بالا

на

روی

под

زیر

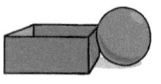

рядом

پهلو

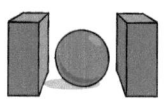

между

میان

место

محل